81歳、村上祥子さんの

発酵粉だしごはん

元気に長生きして行き着いた
究極の万能調味料

村上祥子

ONE PUBLISHING

発酵粉だしは「ちゃんと食べる」をかなえる万能調味料です

私が料理研究家・管理栄養士として仕事をしてきて54年たちました。81歳の今も実践し、皆様にお伝えしたいモットーは「ちゃんと食べる」。日本人の歴史を振り返ると、人々は体の具合をみながら上手に食べてきたものだと感心します。生きるために健康でいること——。それを助けてくれていたのは、実は昆布やかつお節、干ししいたけなどの発酵食品なのではないでしょうか。

昆布などを海から引き上げ、浜で乾かし、室（むろ）で寝かせている間に、表面に乳酸菌が付着して、うま味を熟成していきます。それが乾燥のだし食材です。

私は中学生の頃から、昆布やかつお節を火鉢でから煎りして、すり鉢で粉状にすって、料理に使っていました。その頃は、理屈は分かってはいませんでしたが、粉だしを食事に取り入れていると体調がよい。そして、体調がよいといつも朗らかに暮らすことができる、と感じていました。

シニアやひとり暮らしの食卓は「簡単、手抜き」大歓迎！　でも、「必ず食べる」が基本です。

「発酵粉だし」で「ちゃんと食べる」を、今日からあなたも始めてみませんか？

発酵粉だしは「腸活」「免疫力アップ」「減塩」の一石三鳥！

「腸活」「免疫力アップ」「減塩」の3つを同時にかなえられるのが「発酵粉だし」最大のメリット。発酵粉だしはかつお節、昆布、干ししいたけを使いますが、これらは製造過程で発酵済みの食品です。つまり、「発酵粉だし」＝「発酵食」というわけです。ミキサーを使い、粉末にしてそのまま料理に使うことで、食材の栄養を丸ごとムダなく摂ることもできます。

「腸活」「免疫力アップ」「減塩」だけでなく「発酵粉だし」を習慣化することでカルシウムと、カルシウムの吸収を促進し骨細胞形成を助けるビタミンDも、無理なく摂取できます。

腸がイキイキ！

腸内環境を改善して、腸をイキイキさせるには、毎日、腸に善玉菌を補給することが必要です。それというのも、善玉菌は腸で3日間ほどしか生存できず、排便によって排出されてしまうからです。かつお節、昆布、干ししいたけは、どれも発酵食品。「発酵粉だし」を習慣にすることで腸に善玉菌を送り込めるのです。

減塩！

うま味は複数組み合わせることで相乗効果が生まれます。かつお節のイノシン酸、昆布のグルタミン酸、干ししいたけのグアニル酸といった、異なるうま味を持つ食材を使った「発酵粉だし」は、おいしく減塩する強い味方。発酵粉だしに含まれる塩分は、小さじ1杯でたった0・2g。毎食、使っても安心です。

免疫力アップに！

免疫力アップにはアミノ酸が大いに関係しています。「発酵粉だし」には、体内で作ることのできない必須アミノ酸9種類がすべて含まれているうえ、疲労回復や血行促進に必要な鉄、免疫力を高めるセレンも多く含まれています。

抗酸化ビタミンであるビタミンEが活性酸素の発生や酸化を抑え、免疫力を高めてくれます。

かつお節、昆布、干ししいたけが発酵食品なわけ

かつお節は身を1時間以上ゆでて冷まし、骨抜きして薪材を燃やして燻し、数日かけて乾燥させます。つぎに形を整えて4～5日間日干ししてから専用のたるや容器、室（むろ）などに2週間ほど入れてかつお節菌と呼ばれる麹カビの一種をカビづけします。これをハケで払い落として日干しし、もう一度カビづけ。あと2回、同様に行ってから十分に乾燥させて仕上げます。

こうして、麹カビが生成する酵素によってかつおのたんぱく質が分解されて、うま味成分であるイノシン酸が生まれ、発酵食品として完成するのです。

昆布

吸い物、煮物のだしとして日本料理に欠かすことのできない食材です。食用とするのは生育2～3年目のもの。採取後は、最初の乾燥のあと選別整形、結束の各段階を通じて日数をかけながら、天日か機械乾燥で少しずつ乾燥させます。

乾燥後、2年、3年と寝かせることで表面に乳酸菌も付着し、グルタミン酸が大幅に増えていきます。表面の白い結晶は昆布のうま味成分に海水の塩分が作用してできるマンニットという成分であり、甘味を呈します。

昆布はカルシウム、鉄などミネラルや食物繊維の宝庫でもあります。丸ごと余すところなくいただくのがおすすめです。

干しいたけ

きのこは菌の仲間で、食菌類に分類されます。きのこの本体は胞子で、そのひとつひとつは肉眼では見えません。胞子に菌糸をからませて子実体を作っています。

きのこ類はグアニル酸といううま味成分を持ち、干ししいたけなどは日本料理にとってだしの素になる大切な食材といえます。乾燥させ、寝かせている間に乳酸菌が表面に付着し、保存性の高いだし食材としての役割を果たします。

しいたけはビタミンDが豊富で、天日干しすることで含有量が増加します。ビタミンDはカルシウムの吸収を助けるビタミン。その点でも、食生活に干ししいたけを上手に取り入れていきたいものです。

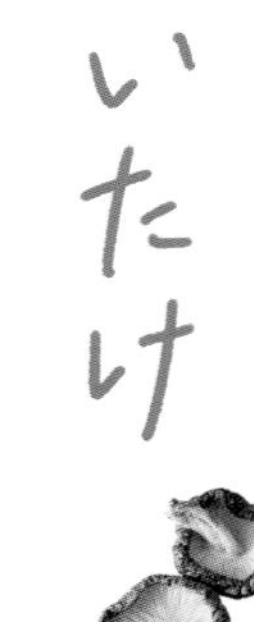

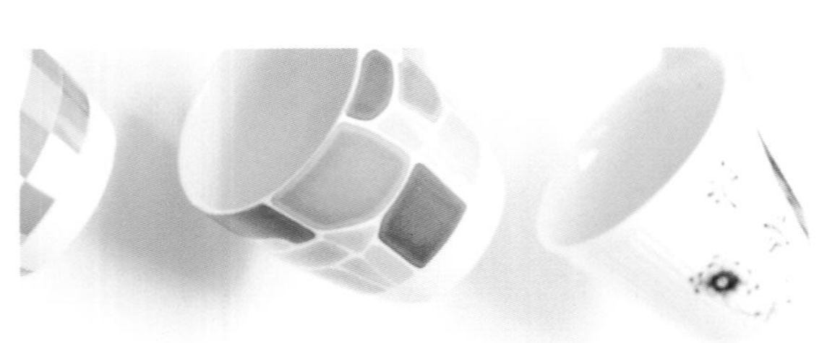

シニアの健康は「ちょい足し」「ちりつも」がキーワード

年齢を重ねると「食が細くなる」と言いますが、考えてみれば、一度にたくさん食べられないのはシニアに限った話ではありません。赤ちゃんや幼児も同じです。

そこで提案です。食の細い方は乳幼児と同様、朝昼晩の3回の食事のほかに午前10時と午後3時に、「ちょこっと食」を取り入れてみては？

コンビニで買ったおむすびに発酵粉だしをまぶしておやつにすれば、エネルギーとたんぱく質、ビタミン、ミネラルの供給源に！ 私たちは顔も違えば性格も違うように、食べ方も個性的であってよいと思います。

私は料理研究家ですが、自分の料理の味に飽きたり、面倒な時はスーパーで青菜のおひたしなどを購入することがあります。自分には味が濃いと思ったら、水大さじ1〜2をかけてふたをラップに変えて1分ほどレンチンし、水と一緒に調味料を流してしまいます。これで塩気は60%除かれると言われています。その後、発酵粉だしを小さじ1/4（塩分0・05g）ほど加えて混ぜれば、低塩だけれどおいしい一品ができ上がります。

食べ方も食べるペースも量も、自分流でよいのです。体は24時間働いている工場のようなもの。燃料補給も兼ねる食事は少しずつちょこちょこ食べても不都合はありません。シニアになったら「ちょい足し」「ちりつも（ちりもつもれば山となる）」がモットーです。

「おいしかった！」という感動が、今日を生きる力になります。発酵粉だしのうま味成分であるグルタミン酸が脳に伝わると消化酵素の出をよくする指令が胃に届くと言われています。「食べる」という、私たちの命をつなぐ行為を応援してくれるのが「発酵粉だし」です。

発酵粉だしをまぶしたミニおむすび
（ミニおむすびはP.89参照）

いつものおかずに！ ムラカミ式、発酵粉だし ちょい足し術

切り干し大根に

切り干し大根10gを水で戻してかたく水気を絞り、酢2～3滴と発酵粉だしを混ぜて、ハリハリ漬けに。

納豆に

納豆に刻んだ小ねぎとしょうゆをかけ、ここに発酵粉だしをパラリとかける。好みで溶き辛子をのせて。

スープに

湯70㎖、塩麹小さじ¼、発酵粉だしとこしょう各少々を混ぜて即席スープに。

温やっこに

温めた豆腐に発酵粉だしをひとふり。発酵粉だしのうま味でしょうゆいらず。

ゆで野菜に

長ねぎの青い部分をさっとゆでて水にとり、水気は絞らず、食べやすく切り、発酵粉だしひとふり、しょうゆを少々かける。

ごはんに

ふりかけ代わりに発酵粉だしをごはんにパラリとかける。おむすびにまぶすのもおすすめ。

サラダに

ちぎったレタスにオリーブ油かアマニ油を好みの量たら～り、発酵粉だしをひとふりする。

みそ汁に

牛ひき肉に発酵粉だしを混ぜた団子入りみそ汁。汁は発酵粉だし＋水＋みそでOK。

うどんに

冷凍うどん1玉に発酵粉だし小さじ¼をふり、ラップをして電子レンジ（600W）で4分加熱。取り出してアマニ油としょうゆ各小さじ1をかけて混ぜ、最後にこしょう少々で焼きうどんに。

お茶に

緑茶に発酵粉だしをひとふり。緑茶のアミノ酸との相乗効果で、喉の渇きが抑えられる。

発酵粉だしの作り方

素材の持つ発酵パワーを手軽に取り入れられる粉だしです。
かつお節のイノシン酸、昆布のグルタミン酸、
干ししいたけのグアニル酸の相乗効果で
濃厚なうま味が生まれ、調味料の塩分を控えても
おいしく料理が仕上がります。

材料 作りやすい分量（でき上がり約48g分）

かつお節…20g
昆布…20g
干ししいたけ…20g

発酵粉だし小さじ1（4g）の栄養価

エネルギー	16kal
塩分	0.3g
たんぱく質	2.3g
カルシウム	22mg
ビタミンD	0.5μg

① から煎りする

フライパンにクッキングシートを敷き、かつお節をのせて中火にかける。かつお節はかさばるため、はじめのうちは手で上下を返しながらから煎りする。

中火

②

熱くなってきたら箸で上下を返し、いい香りがし始めて、うっすら煙が上がり始めたら火を止めてとり出す。

中火

③

昆布はハサミで2×5㎝の長方形に切る。①、②と同様にから煎りする。

中火

④

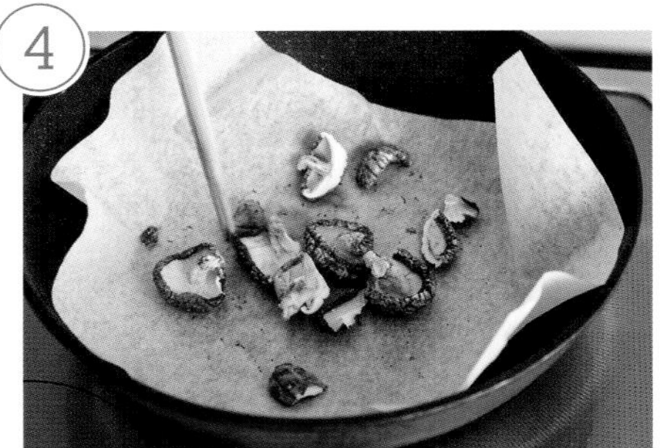

干ししいたけはハサミで軸と笠に分け、①、②と同様にから煎りする。

中火

⑤ 粉状にする

②、③、④を、それぞれミキサー（またはミル、フードプロセッサー）に移し入れて粉末状に攪拌する。

⑥ ふるって濾す

ざるにかつお節、昆布、干ししいたけを合わせて入れ、ふるって濾す。ざるに残った粗い粒は、再度ミキサー（またはミル）で攪拌する。

⑦ 容器に詰める

清潔なびんや容器に移す。

保存期間

冷蔵で1か月間

CONTENTS

PART 1 発酵粉だしが活きる しゃぶしゃぶ調理で ラクうま長生き献立

PART 2
市販品にちょい足し 発酵粉だしのおかげで 免疫力アップ

PART 3

まとめて作って、毎日楽しむ

シニアの健康作りおき

PART 4

長寿のカギ！

小腹を満たすミニおむすびのすすめ

【レシピの表記について】

● 計量単位は大さじ1＝15㎖、小さじ1＝5㎖です。

● 調味料の分量表記の「少々」は粉末の場合、親指と人さし指の2本でつまんだ分量です。

PART

1

発酵粉だしが活きる

しゃぶしゃぶ調理で ラクうま長生き献立

小鍋で次々と食材をゆでるだけ！
シニアの方が「ちゃんと食べる」を実践しやすいように考案した「しゃぶしゃぶ調理」の初公開!!　もちろん、発酵粉だしが味わいアップと栄養バランス強化の要です。

究極のラクうま&ヘルシー しゃぶしゃぶ調理

毎日毎食、「ちゃんと食べる」を実践するのは、長年、料理の仕事をしてきた私でも大変だと感じています。年齢を重ねてくると、簡単に手早く料理するには、慣れ親しんだ調理法がラクに感じることも事実。

そこでひらめいたのが「しゃぶしゃぶ調理」。小鍋に熱湯を沸かして食材を次々ゆでて（煮て）いくというもの。たんぱく質食材100g、野菜100g、ごはんや麺を「しゃぶしゃぶ調理」すれば、それだけで栄養バランスの整った献立が、本当に簡単にでき上がります。

その上、気になる肉などの脂などを落とせ、できたての温かい料理が食べられるのもうれしいところ。料理のバリエーション、味わいも無限大です。食事作りにぜひ、取り入れてみてください。

しゃぶしゃぶ調理の仕方

基本の方法は、たんぱく質食材、野菜、主食の材料を順番にゆでるだけ。ゆでる順番や味つけを変えれば、バリエーションが広がります。

あると便利な道具

- 小鍋（直径15㎝×深さ7㎝程度）
- 網じゃくし

たれを作る

ボウルや器に調味料を合わせる。

↓

たんぱく質食材をしゃぶしゃぶする

小鍋に250〜300㎖の熱湯を沸かし、肉や魚介などたんぱく質食材をゆでる。アクが出たらすくい取る。
食材によっては、網じゃくしですくい出す。

↓

野菜をしゃぶしゃぶする

同じ小鍋の湯に野菜を入れて、さっとゆでる。

食材によっては、網じゃくしのほか、トングや箸などではさんで出す。

↓

主食の食材をしゃぶしゃぶする

もち、麺、ごはんなどを入れて旨みたっぷりのゆで汁で火を通すことも。

↓

たれをからめる

しゃぶしゃぶした食材に調味だれをからめる。

↓

完成！

豚ヒレ肉

豚ヒレ肉とパクチーの辛子あえ
＋
にゅうめん

献立

脂肪が少なく、赤身の多い豚ヒレ肉はしゃぶしゃぶ調理でさっと火を通すとやわらかく、ジューシーに！
豚肉と野菜の旨みが溶け出たゆで汁は味わい深いにゅうめんに仕上げます。

材料 1人分

豚ヒレかたまり肉…100g
パクチー…50g
玉ねぎ…50g
A ┌ 溶き辛子、しょうゆ、ごま油…各小さじ1
　│ 発酵粉だし…小さじ$\frac{1}{4}$
　└ こしょう…少々
そうめん（乾燥）…1束（50g）
発酵粉だし…小さじ$\frac{1}{2}$

切り方

- 豚肉は5㎝長さに切り、繊維に沿って1㎝角の棒状に切る。
- 玉ねぎは1㎝幅のくし形切りにする。
- パクチーは根元を切り、4〜5㎝長さに切る。

たれを作る

ボウルにAを入れて混ぜる。

豚ヒレ肉とパクチーの辛子あえ

小鍋に熱湯250㎖を沸かし、豚肉を入れて5分ゆでて火を通す。

強火

網じゃくしで肉をすくい、①のボウルに入れる。

同じ小鍋の湯に玉ねぎを入れて1分ゆで、網じゃくしですくって③のボウルに入れる。

弱めの中火

パクチーは飾り用少々を残し、同じ小鍋の湯に入れてひと混ぜする。

弱めの中火

網じゃくしですくって水にとり、色止めし、すぐざるにあげる。

にゅうめん

⑦ ④のボウルにパクチーも加えてあえる。

↓

完成！

⑧ にゅうめんの器に、⑦のボウルに残った調味料を入れる。

⑨ 同じ小鍋の湯を沸騰させ、そうめんを半分に折って入れる。

弱めの中火

⑩ 再び煮立ったら火を止めてふたをし、3分おいて余熱で火を通す。

火を止める

⑪ ⑧の器に発酵粉だし、⑩のゆで汁50㎖を入れる。

⑫ そうめんは湯をきって水で洗い、⑪に入れ、飾り用のパクチーをのせる。

↓

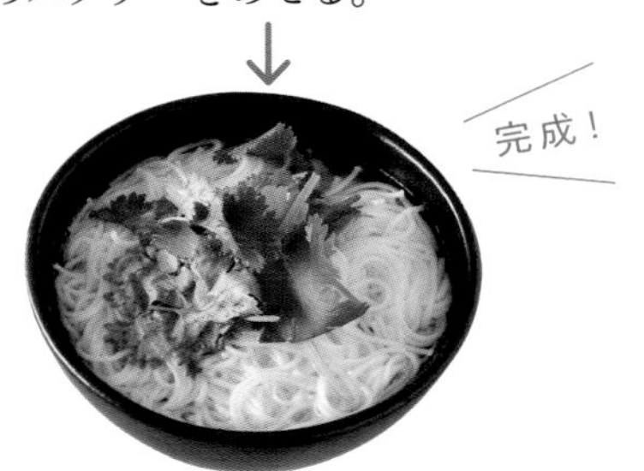

完成！

豚バラ肉

ピエンロー＋玄米ごはん

献立

白菜と肉を干ししいたけのだしで煮込むピエンローを通年、手に入れやすいキャベツでアレンジ。発酵粉だしなら、干ししいたけのほか昆布、かつお節のうま味も加わり、手軽に本格的な味わいが楽しめます。

材料 1人分

豚バラ薄切り肉…100g
キャベツ…100g
A ┌ 発酵粉だし、塩…各小さじ¼
　│ アマニ油…小さじ1
　└ 一味唐辛子…少々
玄米ごはん（温かいもの）…茶わん1杯分（150g）
ローストアマニ＊（粉末）…小さじ½

＊アマという植物の種を炒りあげたもの

切り方

●豚肉は長さを半分に切る。
●キャベツは大きくちぎる。

Ultra
Made in U.S.A

①小鍋に熱湯250㎖を沸かし、キャベツを入れる。

強火

②煮立ったら、上下を返しながら色が変わるまで1分ゆでる。

煮立ったら
弱めの中火

③キャベツを取り出す。

④同じ小鍋の湯に豚肉を入れ、ほぐしながら肉の色が変わるまでゆでる。

弱めの中火

⑤④に③のキャベツを戻し入れ、さっと煮る。

弱めの中火

⑥

ピエンローの器にAを入れる。

⑦

⑥の器に、ゆで汁100㎖（小さいお玉で1〜2杯）を加えてつけだれにする。

↓

完成！

小鍋の具材をからめながらいただく。

玄米ごはん

⑧

ごはんの器に玄米ごはんを盛り、ローストアマニをふる。

↓

完成！

豚ひき肉

エスニック風つくねもやし＋ゆでもち

献立

しょうゆの代わりに、特有の風味を持つナンプラーを使うだけで、毎日の食事にアクセントが生まれます。発酵粉だしは和風だけでなく、エスニック風にも使えます。消化のよいゆでもちと合わせて、大満足の一品献立です。

材料 1人分

豚ひき肉…100g
もやし（根切り）…100g
小ねぎ…1本
塩麹…小さじ½
発酵粉だし…小さじ¼
A
- 酢…大さじ½
- ナンプラー（またはしょうゆ）、アマニ油…各小さじ½
- 発酵粉だし…小さじ¼

もち…2個（100g）

切り方

- もやしは根切り済みのものか、あればひげ根を取る。
- 小ねぎは小口切りにする。

エスニック風つくねもやし

1 ボウルにひき肉、塩麹と発酵粉だしを入れて混ぜる。

2 3等分して団子状に丸める。

3 器にＡと小ねぎを入れて混ぜる。

4 小鍋に熱湯300㎖を沸かし、②を入れる。煮立ってきたらアクを除く。

5 同じ小鍋の湯にもやしを加え、少し透明になるまでさっとゆでる。

弱めの中火

6 もやしを取り出す。

ゆでもち

7 同じ小鍋の湯にもちを入れ、やわらかくなるまで肉団子と一緒にゆでる。

弱火

8 ③の器に⑥のもやしを加えて混ぜる。

9 ⑧に肉団子、もちを加え、ゆで汁100㎖を加える。

↓

完成！

鶏もも肉

鶏肉ときのこの煮物風 ＋ すいとん

献立

しゃぶしゃぶ調理した鶏肉ときのこに濃いめのたれをからめることで、煮物風に仕上げます。薄力粉を水で練るだけのすいとんは食べたい量を調節しやすく、シニアにおすすめの主食です。

材料 1人分

鶏もも肉（皮つき）… 100g
しめじ、えのきだけ…各50g
塩麹…小さじ½
A「しょうゆ…大さじ1
　 発酵粉だし…小さじ¼
B「薄力粉…大さじ4
　 水…大さじ1½〜2
もみのり…少々

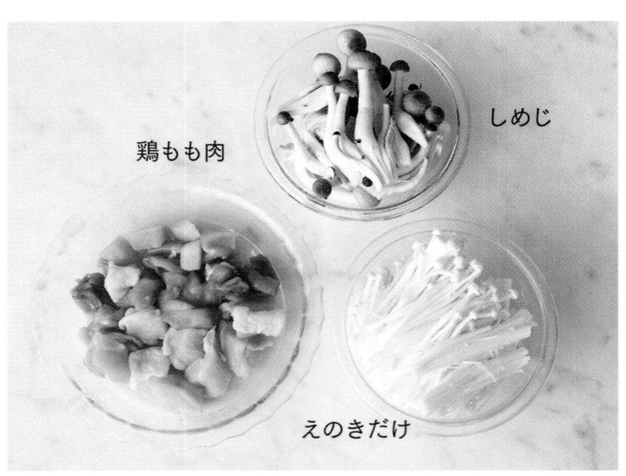

切り方

- 鶏肉は2㎝角に切る。
- しめじは石突きを除いてほぐす。
- えのきだけは根元を切って長さを半分に切り、ほぐす。

鶏肉ときのこの煮物風

① 

鶏肉は塩麹をからめる。

② 

鶏肉ときのこの煮物風の器にAを入れて混ぜる。

③ 

小鍋に熱湯300㎖を沸かし、①を入れて3〜4分ゆでて中まで火を通す。 沸騰後、中火

④ 

鶏肉の脇にしめじとえのきだけを加える。 中火

⑤ 

きのこを湯に沈めて1分ゆでる。 中火

⑥ 

小鍋から網じゃくしで鶏肉ときのこをすくい、②の器に入れて混ぜる。

↓

完成！

すいとん

小さいボウルにBを薄力粉、水の順に入れる。

箸で粉っぽさがなくなるまで混ぜる。

同じ小鍋の湯を沸騰させ、⑧をスプーンで一口大ずつすくって落とし入れる。 弱めの中火

⑥の調味料をゆで汁に加え、すいとんが透明になるまで3〜4分煮る。

すいとんを汁といっしょに器に盛り、もみのりを添える。

↓

完成！

鶏むね肉

冷やし中華

献立

具材は、たんぱく質と野菜を100gずつ。
冷蔵庫にある材料でアレンジしてかまいません。
たれは市販品や付属のたれを使うとさらにお手軽。
発酵粉だし小さじ¼を混ぜると味と栄養価がアップします。

材料 1人分

鶏むね肉（皮なし）… 50g
殻つきえび（無頭）… 3尾（50g）
かいわれ菜… 1パック（50g）
トマト…小1個（50g）
中華麺（生）… 1玉（120g）
A
- 砂糖…小さじ1
- 発酵粉だし…小さじ¼

B
- 発酵粉だし…小さじ¼
- 砂糖、しょうゆ、酢、ごま油、水…各大さじ1

溶き辛子…適量

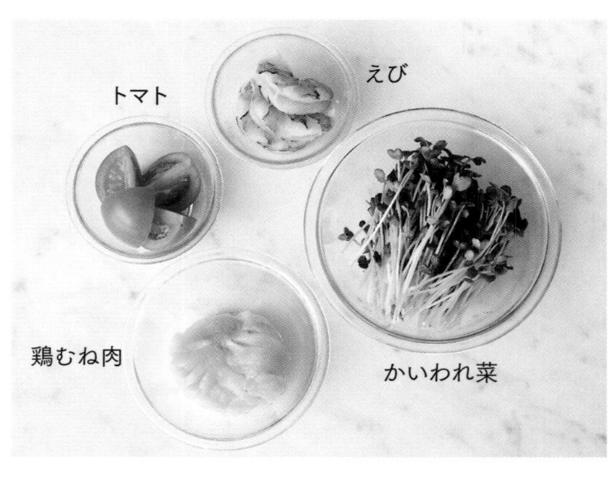

切り方

- 鶏肉は表面に5㎜間隔の切り目を入れる。
- えびは殻と尾を除き、背に切り込みを入れて背わたを除く。
- かいわれ菜は根元を切る。
- トマトはへたを除き、4等分のくし形切り。

①

鶏肉はAをまぶす。

②

小鍋に熱湯300㎖を沸かし、①を入れる。再び煮立ったらアクを除く。

沸騰後、弱めの中火

③

②にえびを加え、色が変わるまでゆでる。

弱めの中火

④

えびを取り出して水にとり、すぐに引き上げて水気をきる。

⑤

鶏肉の脇にかいわれ菜を加え、さっとゆでてすぐに取り出す。

弱めの中火

⑥

鶏肉の脇に中華麺を加え、袋の表示時間通りにゆでる。

弱めの中火

⑦

小さいボウルにBを入れて混ぜる。

⑧

鶏肉を取り出し、水にとり、すぐに引き上げて水気をきる。

⑨

中華麺をざるに上げて湯をきり、水で洗い、再びざるにあげて水気をきる。

⑩

かいわれ菜は長さを3等分に切る。

⑪

鶏肉は幅7㎜～1㎝幅に裂く。

⑫

器に中華麺を盛り、トマト、⑩のかいわれ菜、⑧の鶏肉、④のえびをのせ、⑦をかけ、溶き辛子を添える。

↓

完成！

生だら

たらのブイヤベース＋リゾット

献立

たらは高たんぱく、低カロリーの優秀食材。
豆腐とちり鍋もさっぱりでいいですが、香味野菜と一緒にブイヤベースにするのも目先が変わって新鮮です。
スープはリゾットにして、溶け出た抗酸化ビタミンもしっかり補給！

材料 1人分

生だらの切り身…小2切れ（100g）
にんじん、セロリ…各20g
玉ねぎ…30g
ミニトマト…3個
黒オリーブ（スライス）…4〜5枚
ローズマリー(生)…10㎝
発酵粉だし…小さじ¼

A
- 発酵粉だし…小さじ¼
- アマニ油（またはオリーブ油）、カレー粉…各小さじ1
- 塩…小さじ¼

B
- マヨネーズ…大さじ1
- おろしにんにく…小さじ½

飾り用のローズマリー(生・あれば)…7〜8㎝
ごはん…100g

切り方

●にんじん、セロリ、玉ねぎは1㎝角に切る。
●ミニトマトはへたを除く。
●生だらは大きければ食べやすく切る。

たらのブイヤベース

①

たらに発酵粉だしをまぶす。

②

小鍋に熱湯300㎖を沸かし、①を入れて2分ゆでる。

沸騰後、弱めの中火

③

たらの皮が反って、身が白く変わったら網じゃくしですくって取り出す。

④

同じ小鍋の湯ににんじん、玉ねぎ、セロリ、ミニトマトを入れ、ふたをして煮立たせる。

弱めの中火

⑤

ふたを外し、ローズマリー、黒オリーブを加え、煮立ってきたらアクを除く。にんじんがやわらかくなるまで5分煮る。

弱めの中火 → 煮立ったら中火

⑥

⑤の小鍋に③を戻し入れ、Aを加えてたらが温まるまで煮る。

7

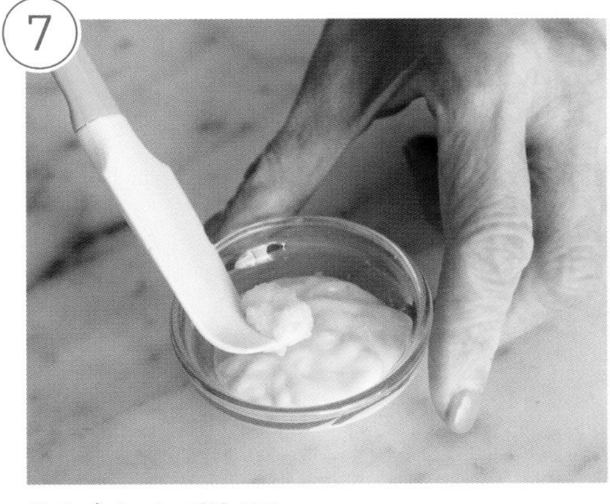

Bを合わせて混ぜる。

8

ブイヤベースの器に⑥の具材を盛り、スープ100㎖を注ぎ、飾り用のローズマリーをのせる。

↓

完成！

⑦をつけながらいただく。

9

リゾット

小鍋に残ったスープにごはんを加えて火にかけ、混ぜながら5分煮る。

中火 → 煮立ったら弱火

↓

完成！

さば

しめさばとブロッコリーのマリネ
＋
煮込みパスタ

献立

近頃は、真空パックで日持ちのするしめさばが売られています。買い置きできて便利ですが、少々塩分が強いのでさっとゆでて塩分を落とすのが、アレンジして使うときのコツ。マリネは漬ける時間がいらないのも、しめさばならでは！

材料 1人分

しめさば（市販品）… 70g
ブロッコリー… 100g
パセリ…適量
A
- しょうゆ…小さじ1½
- 発酵粉だし…小さじ¼
- アマニ油（またはオリーブ油）…小さじ1
- 水…大さじ2

スパゲティ（乾燥・5分ゆでのもの）… 30g

切り方

- しめさばは骨を抜き、3等分に切る。
- ブロッコリーは小房に分ける。
- パセリはみじん切りにする。

しめさばとブロッコリーのマリネ

①

マリネの器にAを入れて混ぜる。

②

小鍋に熱湯300㎖を沸かし、しめさばを入れる。

沸騰後、弱めの中火

③

しめさばの皮が反ったら、網じゃくしですくい、①の器に入れる。

④

同じ小鍋の湯にブロッコリーを入れてゆでる。

弱めの中火

⑤

鮮やかな緑色になったら、取り出して③に加えてたれをからめる。

↓

完成！

煮込みパスタ

⑥

同じ小鍋の湯を煮立たせ、スパゲティを2〜3㎝長さに折って入れる。

弱めの中火

⑦

ときどき混ぜながら、袋の表示時間通り（5分）ゆでる（汁気はほとんどなくなってよい）。パスタの器に盛り、パセリを散らす。

弱めの中火

↓

完成！

豆腐

豆腐としめじのかき卵丼

献立

充塡豆腐をパックごと熱湯で温めると大豆の香りが立って、とろけるような味わいに。卵でとじた具材は、とろみをつけると豆腐にからみやすいうえ、最後まで熱々がいただけます。

材料 1人分

充塡豆腐…1パック（150g）
しめじ…80g
にんじん…20g
小ねぎ…少々
卵…1個

A
- しょうゆ、みりん、アマニ油…各小さじ1
- 発酵粉だし…小さじ¼

B
- 片栗粉…小さじ1
- 水…小さじ2

発酵粉だし…小さじ¼
玄米ごはん（温かいもの）…茶わん1杯分（150g）

切り方

- しめじは石突きを除いてほぐす。
- にんじんは小さい乱切りにする。
- 小ねぎは小口切りにする。

豆腐としめじのかき卵丼

ボウルに卵を溶きほぐす。

小鍋にしめじ、にんじんを入れ、水300㎖を注ぐ。

豆腐は封を開けずにパックごと野菜の上にのせる。

小鍋を火にかけ、煮立ったら弱火にして5分加熱する。 沸騰後、弱火

豆腐を取り出し、にんじんがやわらかくなるまでゆでる。 弱火

⑤の小鍋のゆで汁を150㎖ほどお玉ですくって捨てる（小さいお玉で2〜3杯）。 弱火

⑦

⑥の小鍋にAを加える。

弱めの中火

⑧

煮立ったら、混ぜ合わせたBを加えてとろみをつける。

弱めの中火

⑨

①の溶き卵を流し入れ、ふたをして火を止め、1分おいて余熱で火を通す。

弱めの中火 → 火を止める

⑩

器にごはんを盛り、⑤の豆腐をパックから出してのせる。

⑪

お玉で豆腐を2〜3等分に割り、⑨をかけ、発酵粉だしと小ねぎを散らす。

↓

完成！

豆腐

とろとろ麻婆豆腐＋チンゲンサイのおひたし

献立

麻婆豆腐は、温めた豆腐に麻婆ソースをかけるだけ！
市販の麻婆豆腐ソースを使うともっと簡単です。
おひたしは、発酵粉だしのうま味だけでおいしいので
しょうゆなどを使わなくてよく、減塩できます。

材料 1人分

充填豆腐…1パック（150g）
豚ひき肉…50g
チンゲンサイ…1株（100g）

A
- 長ねぎの白い部分…5㎝
- しょうが、にんにく…各½かけ
- アマニ油…小さじ1
- しょうゆ…大さじ½
- 砂糖、豆板醤…各大さじ½

B
- 片栗粉…小さじ½
- 水…大さじ2

発酵粉だし…小さじ¼
玄米ごはん（温かいもの）…茶わん1杯分（150g）

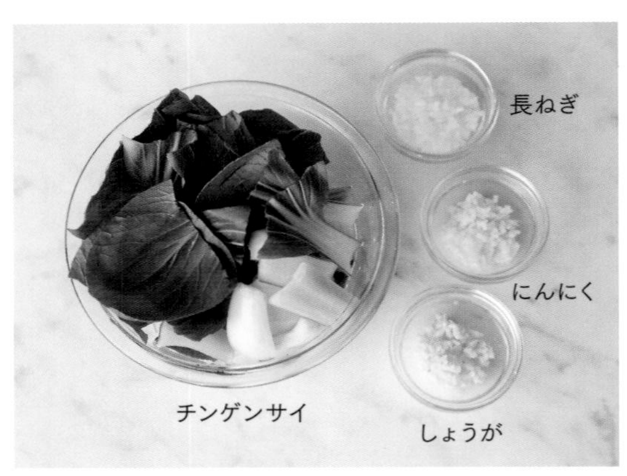

切り方

- 長ねぎ、しょうが、にんにくはみじん切りにする。
- チンゲンサイは5㎝長さに切り、根元は十字に4等分する。

とろとろ麻婆豆腐

1

小鍋に豆腐を封を開けずにパックごと入れ、水300㎖を注ぐ。

2

①の小鍋を火にかけ、煮立ってきたらふつふつ煮立つ程度の火加減で5分ゆで、豆腐を取り出す。

沸騰後、火を弱める

チンゲンサイのおひたし

3

同じ小鍋の湯にチンゲンサイを入れ、緑が鮮やかになるまでさっとゆでる。

弱めの中火

4

網じゃくしですくって水にとり、すぐにざるにあげて水気をきる。

5

おひたしの器に④を盛り、発酵粉だしをふる。

↓

完成！

6

④の小鍋のゆで汁を200㎖ほどお玉ですくって捨て（小さいお玉で3～4杯）、Aを入れる。

弱めの中火

7

再び煮立ったらひき肉を加え、ほぐしながら肉の色が変わるまで煮る。

弱めの中火

8

混ぜ合わせたBを加えてとろみをつける。

弱めの中火

9

麻婆豆腐の器に豆腐をパックから出して盛り、テーブルナイフで1.5㎝角に切る。

10

⑨に⑧をかける。

↓

完成！

※玄米ごはんは器に盛る。

人生100年時代、歩ける体を維持しましょう

私が仕事を始めた54年前、思いもしなかった、人生100年時代が現実となりました。これからの、シニアは、誰かが面倒をみてくれるという時代はありません。シニア自身が自分で身の回りのことをして、生活していくのが当たり前になると思います。

それをかなえるには、足腰の健康が大切です。加齢とともに筋肉量が減り、それに比例して握力など全身の筋力が低下する状態をサルコペニアと呼びます。進行すると歩くことも困難になってきます。

「ちゃんと食べる」ことがそれを防ぐ方法です。「あまりおなかがすかなくて…」という声も聞きます。私たちの世代は「食事は1日3度」と頭に刷り込まれていますが、その概念も外しましょう。

「小腹がすいた」と思ったら、ミニおむすび（P.89参照）やみそ汁、ミルクたっぷりのコーヒーなどでエネルギーやビタミン、ミネラルを補給する習慣をおすすめします。

私は、湯に塩麹、発酵粉だし、にんたまジャム（玉ねぎとにんにくをレンジ加熱してペースト状にしたもの）を入れたスープをよくいただきます。こんなほんの小さな習慣の積み重ねが、明日の健康を作っていくと思います。

PART

2

市販品にちょい足し 発酵粉だしのおかずで 免疫力アップ

「ちゃんと食べる」には市販品を活用するのも一案です。
ただし、市販品ばかりではたんぱく質、
ビタミン、ミネラルとともに食物繊維も不足しがち。
ちょい足しできる、簡単おかずや汁物でバランスを整えましょう。

1日16gの食物繊維を摂る6つのポイント

下処理の手間がかかることや、噛む力の低下などで、野菜や芋、豆などの料理を敬遠するシニアは少なくありません。食物繊維の摂取目標量は1日約16g。便秘を予防し、腸内環境を整えて免疫力を上げるためにも意識して摂るように心がけたいものです。

1 毎食1品、野菜のおかずを！

野菜は食物繊維の供給源。1日16gの食物繊維を確実に摂るためには、野菜中心の副菜を毎食の献立に1品入れ、主菜や汁物に野菜を使うこともコツと思います。ごぼうやれんこんなどの根菜類、にんじんやほうれん草などの緑黄色野菜、たけのこ、きのこ類、こんにゃくなどに豊富です。

2 いもはおかず、汁物、おやつにと形を変えて

さつまいも、じゃがいも、里いもなどの芋類は、食物繊維の含有量が多いうえ、コロッケや天ぷら、煮物にとろろなど、1食分の使用量が多いことも特徴です。スイートポテトや大学いもなどのおやつ。これらは市販品・購入がおすすめです。

3 豆・大豆製品をこまめに食卓にのせましょう

煮豆を小皿1杯（50g）食べれば、食物繊維の1日の必要量の約⅓量が摂れます。乾燥豆を戻すのが面倒なら、そら豆、枝豆、グリンピースなど生の豆がありますし、冷凍品や水煮を利用してもよいでしょう。

また、納豆、きな粉、みそなどの大豆製品は、先人の知恵が生んだ大豆のインスタント食品です。おやつをあんこ入りの和菓子にすれば、食物繊維の補給になります。

4 乾物はおふくろの味で大いに利用しましょう

ひじき、昆布、乾燥わかめ、切り干し大根などの乾物は、買いおきができるうえ食物繊維の宝庫。おふくろの味としておなじみの煮物、あえ物、汁物に加えたり、常備菜としても作りおきしておくとよいでしょう。

また、これらの料理にごまをふると食物繊維量はさらにアップします。

5 果物は簡単で手軽に食べられる食物繊維

食物繊維を摂るのは、手間暇かけた料理からだけとはかぎりません。食後の果物からも摂ることができます。例えば、洗うだけのいちご、皮をむくだけのキウイフルーツやバナナ、食べやすく処理された冷凍のパイナップル、缶詰の果物などでも食物繊維は補えます。干しあんずやレーズンなどのドライフルーツもおすすめです。

6 食物繊維が十分でもほかの栄養素が不足していては効果が上がりません

食物繊維が大切といっても、ほかの栄養素が不足していては意味がありません。たんぱく質源の肉、魚、大豆、大豆製品、ビタミンやミネラル源の野菜、果物、そしてエネルギー源の穀物や油を適量摂ってこそ、初めて健康な食生活といえます。

1日3回の食事を規則正しくとることで、多種類の食物繊維が補われると同時に、相互作用でよりよい生理効果が生まれます。

コンビニおむすびに
プラス

栄養の特徴は？

具なしの塩むすびの場合、おもな栄養は糖質（炭水化物）です。1個（150g）で糖質55gと、1日の目標摂取量の約⅓量がまかなえるのでエネルギー源としては優秀！

不足する栄養は？

おむすびだけではたんぱく質、脂質、ミネラル、食物繊維が足りません。のりつき、具ありを選ぶようにし、具だくさんのみそ汁で不足した栄養を手軽に補いましょう。みそ汁の具は「たんぱく質50g、野菜100g」を基本に好みのものを組み合わせるのが栄養バランスを整えるコツ。

主菜・副菜兼用のみそ汁をプラス！

さけと小松菜のみそ汁

大ぶりに切ったさけでごちそう感を演出。

材料 1人分

生ざけの切り身…50g
小松菜…100g
A 発酵粉だし…小さじ1/4
　水…150mℓ
みそ…小さじ1

作り方

1 さけは半分に、小松菜は3〜4cm長さに切る。

2 小鍋にA、1を入れて火にかけ、煮立ったらアクを除く。みそを溶き入れ、再び煮立ったら火を止める。

健康ポイント

良質なたんぱく質食材であるさけは、エネルギー代謝を促進するビタミンB_2を多く含みます。小松菜のクロロフィルは血液の流れをよくし、血栓や動脈硬化を予防する効果も。

牛肉とブロッコリーのみそ汁

牛肉入りで、まさに〝精がつく〟一椀。

材料 1人分

牛切り落とし肉…50g
ブロッコリー…100g
発酵粉だし…小さじ¼
みそ…小さじ1
水…150㎖
粗びき黒こしょう…少々

作り方

1 牛肉は3〜4㎝長さに切る。ブロッコリーは小房に分け、それぞれ縦半分に切る。

2 小鍋に分量の水、1の牛肉を入れて火にかけ、煮立ったらアクを除く。ブロッコリー、発酵粉だしを加え、みそを溶き入れ、再び煮立ったら火を止める。

3 器に2を盛り、粗びき黒こしょうをふる。

健康ポイント

たんぱく質が豊富な牛肉は貧血予防に役立つ鉄、血管を広げて血圧を下げる効果のあるマグネシウムなどのミネラルもたっぷり。ブロッコリーに豊富なビタミンCは風邪予防、老化予防が期待できます。

卵とにらのみそ汁

疲労回復に心強い組み合わせ！

材料 1人分

卵…1個
にら…100g(1束)
A 「発酵粉だし…小さじ1/4
　 水…150mℓ
みそ…小さじ1
七味唐辛子…少々

作り方

1 卵は溶きほぐす。にらは1.5～2cm長さに切る。
2 小鍋にA、1のにらを入れて火にかけ、にらに火が通ったらみそを溶き入れる。再び煮立ったら溶き卵を流し入れ、火を止めて余熱で卵に火を通す。
3 器に2を盛り、七味唐辛子をふる。

健康ポイント

卵は理想的なアミノ酸バランスの食材。卵黄に含まれるコリンはアセチルコリンの原料となり、アセチルコリンには情報伝達を活性化する働きもあります。にらの緑色成分であるクロロフィルはコレステロールの調整などで活躍。

豆腐と長いものみそ汁

のど越しがよく、食欲がなくても食べやすい！

材料 1人分

充填豆腐…1パック（150g）
長いも…50g
A 「発酵粉だし…小さじ1/4
　 水…150mℓ
みそ…小さじ1
もみのり…少々

作り方

1 豆腐は2cm角に切る。長いもはすりおろす。
2 小鍋にA、1の豆腐を入れて火にかけ、煮立ったらみそを溶き入れ、再び煮立ったら火を止める。
3 器に2を盛り、1の長いも、のりをのせる。

健康ポイント

豆腐は原料の豆乳に含まれるマグネシウムが含まれています。長いものとろろと合わせたみそ汁は、通称「八杯汁(お代わりが止まらない)」と言われるもの。

レトルトカレー に プラス

栄養の特徴は？

カレーの風味で食欲増進効果はバッチリ！でも、手作りのカレーと比べると、具が少なめでソースが多い印象です。肉やシーフード由来のたんぱく質は少なく、ルウに含まれる脂質、塩分は多めになります。

不足する栄養は？

たんぱく質のほか、野菜や芋に期待できるビタミン、ミネラル、食物繊維が不足します。鶏むね肉や高野豆腐、卵など脂質が少なく、高たんぱくな食材を積極的に補いましょう。
塩分摂取量が多くなるので、余分なナトリウムを排出するために野菜などからカリウムをしっかり摂るようにします。

高たんぱく＆野菜のおかずをプラス

きのこハンバーグ

焼き肉のたれとソースで本格味に

材料 1人分

合いびき肉…100g
しめじ…50g
A
- 発酵粉だし…小さじ¼
- パン粉…大さじ1
- 焼き肉のたれ…大さじ1
- 片栗粉…小さじ1

B
- 中濃ソース…小さじ1
- 水…50㎖

レタス…⅛個

作り方

1 しめじは石突きを除いて1㎝長さに切る。

2 ボウルにひき肉、1、Aを入れて混ぜ、楕円形に整える。

3 フライパンにBを入れて混ぜ、2を加え、ふたをして火にかける。蒸気が上がり始めたら中火にして2分煮て、裏返し、再びふたをして弱火で3〜4分煮る。

4 ハンバーグの中央に竹串を刺し、澄んだ肉汁が出てきたら火を止める。

5 器に4を盛り、ちぎったレタスを添える。

健康ポイント

合いびき肉はビタミンB_1が豊富な豚肉、鉄を多く含む牛肉のいいとこどりができます。細かくひいてあるのでやわらかく、消化がよいのも魅力です。

鶏むね肉と野菜のゆでびたし

甘じょっぱさがカレーと相性抜群。

材料 1人分

鶏むね肉（皮なし）… 100g
さやいんげん… 2本
かぼちゃ… 50g
赤ピーマン… 1個
A
- 水…大さじ2
- みりん…大さじ1
- しょうゆ…小さじ1
- 発酵粉だし…小さじ¼

作り方

1 さやいんげんは長さを半分に、かぼちゃは7㎜厚さに切る。赤ピーマンは縦半分に切ってへたと種を除き、乱切りにする。鶏肉は1㎝厚さのそぎ切りにする。

2 ボウルにAを合わせて混ぜる。

3 小鍋に熱湯250㎖を沸かし、1の野菜を1種類ずつゆで、火が通ったら網じゃくしですくい出し、2に入れる。

4 同じ小鍋の湯に1の鶏肉を入れて3〜4分ゆでて火を通し、網じゃくしですくい出して3に加え、全体をあえる。

健康ポイント

鶏むね肉は高たんぱく質、低脂肪の代表食材。そぎ切りにして繊維を断ち切ってからゆでるとやわらかく、しっとりと仕上がります。緑黄色野菜と一緒にビタミンC、ビタミンEもしっかりチャージ！

韓国風蒸し卵

茶碗蒸しに似た
ふわふわ食感をお手軽に！

材料 1人分

卵…2個

A
- 水…50㎖
- 発酵粉だし…小さじ¼
- 砂糖…小さじ1
- 片栗粉…小さじ½
- しょうゆ…1〜2滴
- 小ねぎ（小口切り）…2本分

サラダ油…小さじ1
赤ピーマン（5㎜角に切る）…小さじ1

作り方

1 ボウルにAを入れて混ぜ、卵を割り入れてほぐし混ぜる。

2 フライパンにサラダ油を熱し、1を流し入れ、中火で1分焼く。全体がふくらんできたら、箸で大きく混ぜて半熟状に火を通し、ゴムベラで端を内側に折り込んで円形に整え、火を止める。

3 器に2を盛り、赤ピーマンを散らす。

健康ポイント

卵はアミノ酸バランスが完璧な良質たんぱく質。小ねぎと赤ピーマンの鮮やかな色素は抗酸化力の強さの証拠。一度にたくさん摂るよりも、少しずつでも継続して摂るのがおすすめです。

高野豆腐とスナップえんどうの煮物

塩分控えめ、栄養豊富な
煮汁も召し上がれ！

材料 1人分

高野豆腐…1個（16g）

A
- 水…100㎖
- 砂糖、みりん…各小さじ2
- しょうゆ…小さじ½
- 発酵粉だし…小さじ¼

スナップえんどう…4個

作り方

1 高野豆腐は水に1分ほどつけて戻し、水気を絞り、1枚を十字に4等分に切る。

2 小鍋に1を並べ、Aを加えて火にかけ、煮立ったら中火にして煮汁が半量になるまで煮る。

3 スナップえんどうを加え、30秒ほど煮て火を止める。

健康ポイント

高野豆腐の原料は「畑の肉」と呼ばれる大豆。たんぱく質のほか、骨の材料となるカルシウム、貧血や冷え性予防に必要な鉄も豊富。スナップえんどうは短時間加熱でビタミンCを生かしましょう!

菓子パン に プラス

栄養の特徴は？

ふんわりした食感で大きなものもペロリと食べられますね。ただし、パンの原料の小麦粉は粉状であるため米よりも血糖値が上がりやすいうえ、甘い生地やクリームが加わるので血糖値の急激な上昇には注意が必要です。

不足する栄養は？

糖質以外はほぼ不足します。エネルギー量は十分あるので、脂質を控えつつ、たんぱく質食材と野菜からまんべんなく栄養を摂るようにします。頼りになるのが「しゃぶしゃぶ（ゆでる）調理」。食材の油を落とし、野菜のかさを減らして無理なくたっぷり食べられます。

しゃぶしゃぶサラダ、あえ物をプラス

キャベツとベーコンの辛子あえ

粉だしのうま味と辛子の風味で食欲増進！

材料 1人分

キャベツ…100g
ベーコン…1枚（20g）

A
- 砂糖、しょうゆ…各小さじ1
- 溶き辛子…小さじ½
- 発酵粉だし…小さじ¼

作り方

1. キャベツは3〜4㎝角に、ベーコンは長さを4等分に切る。
2. ボウルにAを入れて混ぜる。
3. 小鍋に熱湯250㎖を沸かし、1のキャベツを入れて30秒ほどゆで、網じゃくしですくい出し、2に加える。
4. 同じ小鍋の湯に1のベーコンを入れ、さっとゆでて3に加え、全体をあえる。

健康ポイント

キャベツはビタミンC、胃腸の粘膜を修復するビタミンUの供給源。ベーコンはビタミンB_1が含まれていて、疲労回復効果が期待できます。ゆでることで、気になる脂質や塩分を落とします。

もやしと魚肉ソーセージのホットサラダ

マヨネーズを好みのドレッシングにしてもOK！

材料 1人分

もやし（根切り）… 100g
カットわかめ（乾燥）… 小さじ1
魚肉ソーセージ … ⅓本（30g）
A「マヨネーズ … 大さじ1
　└発酵粉だし … 小さじ¼

作り方

1 魚肉ソーセージは十字に4等分に切り、さらに端から1㎝幅に切る。

2 ボウルにAを入れて混ぜる。

3 小鍋に熱湯250㎖を沸かし、もやしを入れてさっとゆで、網じゃくしですくい、2に加える。

4 同じ小鍋の湯にわかめを乾燥したまま入れ、1も入れてさっとゆでる。網じゃくしですくって3に加え、全体をあえる。

健康ポイント

たんぱく質、ビタミン、ミネラルがそろったおかずが、コンビニで買える材料で作れます。カットわかめ、魚肉ソーセージは保存期間が長いので、買い置きしておくのもいいですね。

大根とかにかまのピリ辛あえ

ゆで過ぎず、少し歯触りを残すとおいしい！

材料 1人分

大根…100g
かに風味かまぼこ…3本（20g）
A
しょうゆ…小さじ1
発酵粉だし…小さじ¼
アマニ油（またはごま油）…小さじ1
一味唐辛子…少々

作り方

1 大根は5cm長さのせん切りにする。かに風味かまぼこは2cm幅の斜め切りにし、ほぐす。
2 ボウルにAを入れて混ぜる。
3 小鍋に熱湯250mℓを沸かし、1を入れてさっとゆで、網じゃくしですくい、水にとる。すぐにざるにあげ、水気を絞る。
4 2に3を加えて全体をあえる。

健康ポイント

大根は消化を促すジアスターゼ、プロテアーゼ、リパーゼなどの消化酵素が含まれています。高温で加熱すると失活するので、湯にさっとくぐらせる程度にゆでて、すぐに水にとるようにします。

ミニトマトとチーズのごまあえ

切ってあえるだけでうま味たっぷり。

材料 1人分

ミニトマト…10個（100g）
ピザ用チーズ…小1袋（25g）
A
すり白ごま、砂糖…各小さじ1
しょうゆ…小さじ½
発酵粉だし…小さじ¼

作り方

1 ミニトマトは半分に切る。チーズは粗く刻む。
2 ボウルにAを入れて混ぜ、1を加えてあえる。

健康ポイント

チーズのたんぱく質に加え、ミニトマトは赤い色素成分リコピンの強い抗酸化作用で元気をチャージ。ごまのゴマリグナンは強い抗酸化作用から若返りの成分と呼ばれます。

カップラーメンにプラス

栄養の特徴は？

のど越しがよく、食欲がないときでもスルッと食べられ、エネルギー補給ができます。しかし、塩分が多く、1個で1日分の塩分摂取量の目標値（男性7.5g未満、女性6.5g未満）に達してしまうものも！ラーメンはよく噛まないこと、小麦粉が原料なことから血糖値が急上昇しやすい食品です。

不足する栄養は？

商品によってはたんぱく質はある程度摂れますが、ビタミン、ミネラル、食物繊維はやはり足りません。血糖値の上昇を緩やかにする工夫が必要です。食後血糖値の上昇を抑える働きのある酢を取り入れ、噛む回数を増やすことも重要です。

野菜の酢の物、あえ物をプラス

チンゲンサイと小えびのうま酢あえ

ピリッとする一味唐辛子がアクセント。

材料 1人分

チンゲンサイ…1株（100g）

A
- 小えび（乾燥）…大さじ1
- 酢、しょうゆ…各小さじ1
- 発酵粉だし…小さじ1/4
- 一味唐辛子…少々

作り方

1. チンゲンサイは4cm長さに切り、根元は十字に4等分に切る。
2. ボウルにAを入れて混ぜる。
3. 小鍋に熱湯250mlを沸かし、1を入れてさっとゆで、引き上げて水にとり、すぐにざるにあげて水気をきる。
4. 2に3を入れてあえる。

健康ポイント

チンゲンサイも小えびもカルシウムたっぷりなうえ、酢の酢酸、小えびと発酵粉だしはカルシウムの吸収を助けます。効率のよい骨づくりにぴったりな組み合わせです。

セロリの粉だしマヨネーズあえ

棒状に切って、噛む回数を増やします。

材料 1人分

セロリ…1本（100g）

A
- マヨネーズ…大さじ1
- 発酵粉だし…小さじ1
- ロースト小麦胚芽（粉末）…小さじ$\frac{1}{4}$

作り方

1. セロリは茎を1㎝角、3～4㎝長さの棒状に切る。
2. ボウルにAを入れて混ぜる。
3. 小鍋に熱湯250㎖を沸かし、1を入れてさっとゆで、網じゃくしですくい、水にとる。すぐにざるにあげて水気をきる。
4. 2に3を加えてあえる。

健康ポイント

小麦胚芽はビタミンB群の宝庫。粉末で扱いやすいのでいろいろな料理に加えるといいですね。よく噛んで唾液を出すと消化を促進する効果も！

ほうれん草と粉だしのオイルあえ

オイルのコクで満足感アップ！

材料 1人分

ほうれん草…100g

A
- 発酵粉だし…小さじ¼
- しょうゆ…小さじ½
- アマニ油…小さじ1

作り方

1 ほうれん草は4㎝長さに切る。

2 ボウルにAを入れて混ぜる。

3 小鍋に熱湯250㎖を沸かし、1を入れてさっとゆで、すくい上げて水にとり、水気を軽く絞る。

4 2に3を加えてあえる。

健康ポイント

ほうれん草のおひたしもおいしいですが、発酵粉だしとアマニ油を加えるだけでアミノ酸、不飽和脂肪酸など体にうれしい成分がしっかり摂れるおかずに変身します。

えのきのしそ酢あえ

えのきの食感に青じその風味がマッチ。

材料 1人分

えのきだけ…100g

A
- 砂糖、酢…各小さじ1
- しょうゆ…小さじ½
- 発酵粉だし…小さじ¼

青じそ…2枚

作り方

1 えのきだけは3〜4㎝長さに切り、青じそは3㎝長さのせん切りにする。

2 ボウルにAを入れて混ぜ、1の青じそを加えてさらに混ぜる。

3 小鍋に熱湯250㎖を沸かし、1のえのきだけを入れてさっとゆで、ざるにあげる。

4 2に3を加えてあえる。

健康ポイント

えのきだけには、抗ガン作用が期待できるレンチナンという成分が多く含まれています。鉄、カリウム、マグネシウムなどミネラルも豊富で低カロリー、食物繊維も摂れる優秀食材です。

味玉に発酵パワーをプラス

発酵粉だし味玉

卵はビタミンC以外の栄養素、すべての必須アミノ酸を含んだ優秀食材。手間をかけずに食べられるように、味玉を作りおくのがこの数年の習慣です。発酵粉だしを加えて、発酵パワーをプラス。小腹がすいたときのおやつ代わりにもおすすめです。

保存期間 冷蔵で1週間

材料 10個分

卵…10個

A
- みりん、しょうゆ…各50mℓ
- 発酵粉だし…大さじ1
- 水…200mℓ

作り方

1 鍋に水1ℓを沸騰させ、酢大さじ1（分量外）を加える。冷蔵庫から出したばかりの卵をお玉で1個ずつ入れ、中火で6分加熱する。氷水に取り出して3分冷やし、殻をむく。

2 耐熱ボウルにAを入れ、ふんわりとラップをし、電子レンジ（600W）で2分加熱する。

3 保存容器（容量1ℓ）に2と1を入れ、ペーパータオルをかぶせる。ふたをして冷蔵庫で4時間以上漬ける。

まんべんなく味がしみこむようにペーパータオルをかぶせる。ペーパータオルは濡れても破れないタイプのものを使用してください。

PART 3

まとめて作って、毎日楽しむ

シニアの健康作りおき

シニアが積極的に摂りたい栄養を意識した作りおきをご紹介。手間のかからないものばかりですから、気が向いたときに作っておくと健康維持に役立つこと間違いなし！

保存期間

冷蔵で3～4日間、
冷凍で1週間

材料 作りやすい分量（でき上がり約340g分）

水煮大豆…240g
発酵粉だし…小さじ2
水…100㎖

作り方

1 ミキサー（またはミル、フードプロセッサー）に材料をすべて入れ、ペースト状になるまで攪拌する。

2 清潔な保存容器に移す。

アミノ酸バランスのよさが魅力

世界一の長寿国を生み出した日本型食生活のルーツは、米と豆。祖先は大豆を発酵させたみそや納豆でたんぱく質、炭水化物、脂質を補給してきました。さらに、米にはあまり含まれず、人間の体内では合成できない必須アミノ酸であるリシンとトレオニンが大豆には含まれていることも、骨格筋作りに働き、健康を保てた一因でしょう。

現代人にとっても、腸の働きをよくする食物繊維、骨を強くするカルシウム、血液を増やす鉄、塩分の摂り過ぎを調整するカリウムなどを補える健康食材です。

大豆ペーストは、発酵粉だしを加えることで大豆にはないビタミンDが加わります。

大豆と卵のサンドイッチ

マヨネーズの代わりに大豆ペーストを！
コクとクリーミーさが楽しめます。

材料 1人分

食パン（サンドイッチ用・耳なし）…2枚
ゆで卵…1個

A
- 大豆ペースト…大さじ1
- アマニ油…小さじ1
- 酢…小さじ½
- 塩、こしょう…各少々

パセリ…少々

作り方

1 ゆで卵は殻をむき、1㎝幅の輪切りにする。

2 食パンはそれぞれ片面に、混ぜ合わせたAを塗る。1枚に1を並べ、もう1枚を重ねて4等分に切る。

3 器に盛り、パセリを添える。

大豆ペーストとトマトのスパゲティ

市販のトマトソースが一気にたんぱく質おかずに変身。大豆ペーストのとろみでからみもよくなります。

材料 1人分

スパゲティ（乾燥）… 50g

A
- トマトソース缶（市販品）…¼缶（75g）
- 大豆ペースト… 50g
- 赤唐辛子（小口切り）、こしょう…各少々

粉チーズ…小さじ1

パセリ（みじん切り）…適量

作り方

1. 鍋に熱湯を沸かし、スパゲティを入れて袋の表示時間通りにゆでる。
2. 鍋にAを入れて弱火にかけ、時々混ぜながら4〜5分煮る。
3. 1の湯をきって2に加えて混ぜる。
4. 器に3を盛り、粉チーズとパセリをふる。

アスパラの呉汁

大豆をすりつぶした精進の汁物
「呉汁」。大豆ペーストで手軽に再現！

材料 1人分

グリーンアスパラガス…50g
水…100mℓ
A
- 大豆ペースト…50g
- 薄口しょうゆ…小さじ½
- 発酵粉だし…小さじ¼

作り方

1 アスパラガスは根元の皮を3cmほどピーラーで薄くむき、5cm長さに切る。

2 鍋に分量の水を注ぎ、1を入れて火にかけ、煮立ったら弱火で1〜2分ゆでる。

3 2にAを加え、温まったら火を止める。

にんじんの大豆ペーストあえ

濃厚な白あえといった味わい。
ゆでた青菜やキャベツも
おすすめです。

材料 1人分

にんじん…50g
A
- 大豆ペースト…30g
- アマニ油…小さじ1
- しょうゆ…小さじ½

一味唐辛子…少々

作り方

1 にんじんは5cm長さのせん切りにする。

2 ボウルにAを入れて混ぜる。

3 鍋に湯を沸かし、1を入れて2〜3分ゆで、ざるにあげる。2に加えてあえる。

4 器に3を盛り、一味唐辛子をふる。

さばそぼろ

保存期間

冷蔵で２週間、
冷凍で２か月間

材料 作りやすい分量（約でき上がり85g分）

さば水煮缶…１缶
（固形量146g＋缶汁44g）

作り方

1 さば缶は身と缶汁に分ける。（缶汁は取っておき、汁物などに使う）。

2 フードプロセッサーに身を入れて細かくなるまで攪拌する。耐熱ボウルに移し入れ、ふんわりとラップをかけ、電子レンジ（600W）で3分加熱する。

3 取り出して、泡だて器で混ぜ、再びラップをかけて3分加熱する。

4 取り出して、フードプロセッサーに戻し入れ、そぼろ状になるまで攪拌する。保存容器に移し入れる。

効率のよい筋肉、骨づくりに！

シニアにとってたんぱく質とカルシウムは「食べる投資」と言えるほど重要。この2つを食事に無理なく取り入れるために考えたのがさばそぼろです。

たんぱく質は1回に消化・吸収できる上限量が24〜30g。一度にたくさん食べてもムダになってしまいますが、さばそぼろなら1日3食、いろいろなおかずにスプーンでパラリと加えることで、手軽にたんぱく質が補給できます。

カルシウムはビタミンDの働きがないと効率よく体に取り込めませんが、さばそぼろにはカルシウムもビタミンDも、大さじ2杯で1日に必要な量の⅓量が摂れるほど豊富。常備してぜひ、取り入れてください。

さばそぼろ大さじ1（8g）の栄養価

エネルギー	25kal
塩分	0.1g
たんぱく質	2.2g
カルシウム	36㎎
ビタミンD	1.5μg

豚汁

豚肉、さばそぼろ、発酵粉だしのうま味が溶け合い、お店レベルのあじわいです。

材料 1人分

豚もも薄切り肉…50g
笹がきごぼう（市販品）…20g
にんじん…20g
木綿豆腐…⅓パック（50g）
A
- 水…150mℓ
- さばそぼろ…大さじ2
- みそ…小さじ2
- 発酵粉だし…小さじ¼

七味唐辛子…少々

作り方

1 豚肉は2㎝幅の細切りにする。

2 笹がきごぼうは長ければ3㎝長さに切る。にんじんは笹がきにする。豆腐は1㎝角に切る。

3 耐熱ボウルにAを入れて混ぜ、1、2を加える。ラップはかけずに電子レンジ（600W）で6分加熱する。

4 器に3を盛り、七味唐辛子をふる。

ミネストローネ

主食を添えれば立派な食事に！トマトジュースは抗酸化力のあるリコピンの宝庫です。

材料 1人分

水煮大豆…50g
牛ひき肉…50g
小松菜…100g
トマトジュース…150㎖
A
- さばそぼろ…大さじ2
- オリーブ油…小さじ1
- 発酵粉だし…小さじ¼
- 塩…小さじ⅕

粉チーズ…大さじ1

作り方

1 小松菜は1㎝長さに切る。

2 耐熱ボウルにA、大豆、ひき肉を入れて混ぜ、トマトジュースを注ぎ、1を加える。

3 ラップをかけずに電子レンジ（600W）で6分加熱する。

4 器に3を盛り、粉チーズをふる。

サラダチキンのさばそぼろ添え

高たんぱくで低エネルギー。
筋肉を落とさないダイエットに最適です。

材料 1人分

サラダチキン（市販品）… 60g
- A
  - しょうゆ…小さじ½
  - さばそぼろ…大さじ2
  - 水…大さじ1
  - 発酵粉だし…小さじ¼

練りわさび…適量
レモン（くし形切り）… 1切れ

作り方

1 サラダチキンは斜め薄切りにする。

2 器に1を盛り、わさびとレモンを添える。別の器にAを入れる。レモンを搾り、Aをつけていただく。

厚揚げといんげんの煮物

だしいらず、電子レンジで煮物の完成。煮汁がトロッとからんでごはんがすすむ！

材料 1人分

厚揚げ…小⅔枚（100g）
さやいんげん… 30g
- A
  - 水… 100㎖
  - さばそぼろ…大さじ2
  - 酒、しょうゆ…各小さじ2
  - 発酵粉だし…小さじ¼
- B
  - 片栗粉…小さじ½
  - 水…小さじ1

作り方

1 厚揚げは3㎝角に切る。さやいんげんは両端を落とし、3㎝長さに切る。

2 耐熱ボウルにAを入れて混ぜ、1を加え、ふんわりとラップをして電子レンジ（600W）で4分加熱する。

3 取り出して、混ぜ合わせたBを煮汁に加えて混ぜ、余熱でとろみをつける。

保存期間

冷凍で2か月間

酵母玄米ごはん

材料 作りやすい分量

玄米…2合（300g）

A
- 水…540㎖
- 塩…小さじ1

作り方

1 玄米は洗って水気をきる。

2 炊飯器の内釜に1、Aを入れて混ぜ、15分おく。玄米モードで炊飯する。

3 炊き上がったら、保温モードにして3日間保温する。保温中は1日1回、しゃもじで全体を混ぜて酸素を供給し、酵母を活性化させる。

4 3日間保温したら、でき上がり。冷ましてから1回量（120g）ずつ保存容器に小分けにして冷凍する。食べるときは120gにつき、電子レンジ（600W）で2分30秒加熱する。

玄米×発酵でパワー倍増！

玄米を炊いて50℃前後に保温しておくと、空気中の乳酸菌や酵母が付着して玄米の栄養成分の分解が始まります。これは発酵と同じメカニズムで、玄米のデンプンをブドウ糖に変えるアミラーゼ、たんぱく質をアミノ酸に分解するプロテアーゼが微生物によって生成されます。また、GABA（ギャバ）と呼ばれるアミノ酸も生成され、血圧調整、血糖コントロールに作用します。

玄米そのものには、エネルギー代謝を促すビタミンB群、ビタミンEなどの抗酸化物質を白米の6～10倍も含んでいます。酵母玄米ごはんを主食にすることで得られるメリットは、計り知れないのです。

ツナマヨの酵母玄米ごはん

酵母玄米ごはんと血液サラサラ効果
抜群のツナ、玉ねぎ、パセリでパワーアップ！

材料 1人分

酵母玄米ごはん（温かいもの）
…120g
ツナ缶（オイル漬け）
…小1缶（70g）
A
玉ねぎ（みじん切り）…25g
パセリ（みじん切り）…1枝分
発酵粉だし…小さじ1/4
マヨネーズ…大さじ2

作り方

1 ツナは油をきってボウルに入れ、Aを加えて混ぜる。

2 1に酵母玄米ごはんを加えてさっくり混ぜる。

ピリ辛粉だしとクレソンの酵母玄米ごはん

クレソンでカルシウム、
アンチエイジングにうれしい
ビタミンをしっかりチャージ。

材料 1人分

酵母玄米ごはん（温かいもの）
…120g
クレソン…2本分

A
- しょうゆ、ごま油…各小さじ1
- ラー油…小さじ½
- 発酵粉だし…小さじ¼
- 一味唐辛子…少々

作り方

1 クレソンは1㎝長さに切る。

2 ボウルに酵母玄米ごはん、A、1を入れてさっくりと混ぜる。

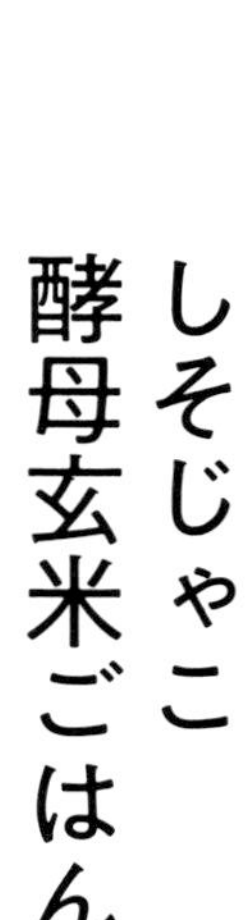

しそじゃこ酵母玄米ごはん

さわやかなしその風味に、
じゃことにんにくで
食べごたえもバッチリ！

材料 1人分

酵母玄米ごはん（温かいもの）
…120g
青じそ…2枚

A
- ちりめんじゃこ…大さじ2
- 発酵粉だし、おろしにんにく…各小さじ¼
- アマニ油…小さじ1
- 酢…小さじ1

作り方

1 青じそは細かくちぎる。

2 ボウルに酵母玄米ごはん、A、1を入れてさっくりと混ぜる。

PART

4

長寿のカギ！

小腹を満たす ミニおむすび のすすめ

食が細くなってきたと感じたら、小腹がすいたときに、軽く栄養補給をする習慣をつけてみませんか。栄養満点、パクッと食べられるミニおむすびをご紹介します。

なぜ、発酵粉だし
ミニおむすびがいいの？

日用品の買い出し、銀行、夫のお墓参りなどに加え、料理教室や撮影用の食材の買い出しは私の仕事ですから、一人でしょっちゅう外出します。気をつけているのは「空腹で出かけない」こと。外出中に万が一、エネルギー切れにならないようにするためです。

外出しない日でも、空腹状態が長く続くのはNG！　エネルギー源となる糖質がないと、たんぱく質がエネルギー源として分解されてしまいますし、脂肪燃焼にも糖質が必要だからです。

食事に響かず、少しエネルギーを補給するには、ミニおむすびがぴったり。ミネラルや食物繊維が豊富な玄米ごはんに発酵粉だしやちょっとした具を加えれば微量栄養素もチャージできます。冷えたごはんはレジスタントスターチといって、食物繊維同様の働きをします。腸に届いたとき、善玉腸内細菌の活動のエネルギー源になります。

あると便利！長生きふりかけ

発酵粉だしに粉チーズや小麦胚芽を加えて、たんぱく質、食物繊維、ビタミン、ミネラルを増強！

保存期間
冷蔵で1週間

材料 作りやすい分量（でき上がり約90g分）

発酵粉だし… 60g
ロースト小麦胚芽（粉末）… 20g
粉チーズ… 20g

作り方

すべての材料を混ぜ合わせ、保存容器に移す。

長生きふりかけの使い方

ピリ辛きゅうり

きゅうり1本を洗って乱切りにする。ポリ袋に入れ、長生きふりかけ小さじ1、ラー油小さじ¼、しょうゆ小さじ1を加えて袋の口を閉じてふる。

チーズトースト

食パン6枚切り1枚にバター小さじ1を塗り、長生きふりかけ大さじ1を全体にふり、オーブントースターでこんがり焼く。

えび炒め

むきエビ100gは背わたを除く。耐熱ボウルに入れ、リーフレタス½枚をちぎって入れ、長生きふりかけとラー油各小さじ1を加えて混ぜ、ふんわりとラップをし、電子レンジ（600W）で1分30秒加熱する。

ちりめんケチャップおむすび

小麦胚芽とちりめんじゃこ入りで、
カルシウムや鉄などミネラルが凝縮。

材料 1人分

玄米ごはん（温かいもの）… 150 g

A
- ちりめんじゃこ…大さじ1
- ロースト小麦胚芽…小さじ1
- トマトケチャップ…小さじ1
- 発酵粉だし…小さじ½

作り方

1 ボウルにごはん、Aを入れてさっくりと混ぜ、2等分して丸いおむすびを作る。

明太イタリアンおむすび

うま味食材たっぷり、たんぱく質も充実。
ふりかけは好みのものでアレンジOK。

材料 1人分

玄米ごはん（温かいもの）… 150 g

A
- 粉チーズ、トマトケチャップ …各大さじ1
- ロースト小麦胚芽（粉末）…小さじ1
- 発酵粉だし…小さじ½

明太子ふりかけ（市販品）… 1パック（2.5g）

作り方

1 ボウルにごはん、Aを入れてさっくりと混ぜ、2等分して丸いおむすびを作る。

2 平皿にふりかけを入れ、1を転がしてまぶす。

江戸かくやおむすび

食欲がわいてくる香り豊かな一品。
たくあんと玄米ごはんの歯触りが楽しい！

材料 1人分

玄米ごはん（温かいもの）… 100 g

A
- たくあん（みじん切り）… 1切れ分
- 青じそ（みじん切り）… 2枚分
- 陳皮＊（粉末）、ロースト小麦胚芽（粉末） …各小さじ1
- 発酵粉だし、赤じそふりかけ …各小さじ½

＊陳皮はみかんの外皮を乾燥させたもの。

作り方

1 ボウルにごはん、Aを入れてさっくりと混ぜ、2等分して丸いおむすびを作る。

みそ味おむすび

小麦胚芽と焼いた香ばしさが絶品。

材料 1人分

玄米ごはん（温かいもの）… 150 g

A
- みそ…小さじ1
- ロースト小麦胚芽（粉末）…小さじ1
- 発酵粉だし…小さじ½

アマニ油…小さじ1

作り方

1 ボウルにごはん、Aを入れてさっくりと混ぜ、2等分して丸く整え、軽く押して少し平らにする。

2 フライパンにアマニ油をひき、1を入れて中火にかける。パチパチとはじける音がし始めたら裏返し、裏側も同様に焼く。

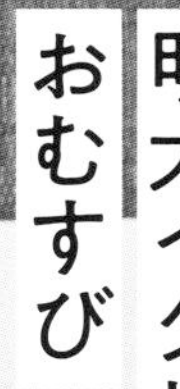

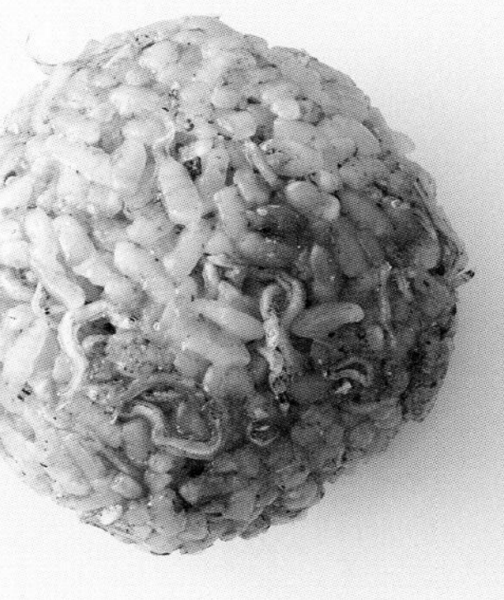

明太イタリアンおむすび
ちりめんケチャップおむすび
みそ味おむすび
江戸かくやおむすび

胚芽入りのり巻き

噛むほどに旨みが広がり、クセになる！
唾液分泌促進で消化にも◎。

材料 1人分

玄米ごはん（温かいもの）… 150g
A ロースト小麦胚芽（粉末）、酢…各小さじ1
　発酵粉だし…小さじ½
焼きのり＊…全形¾枚

＊焼きのりは全形1枚を十字に4等分したもの3枚を用意する。

作り方

1 ボウルにごはん、Aを入れてさっくりと混ぜる。
2 まな板に20㎝四方のラップを広げ、焼きのり1枚をのせる。1の⅓量をのせ、のりの向こう側が縁から1㎝残るようにごはんを広げる。
3 手前からラップを持ち上げてクルクルと巻く。残しておいたのりの部分を水少々でしめらせ、巻き終わりを閉じる。
4 残りも2、3と同様にして計3本作る。

味玉梅おむすび

味玉の汁でおいしさ倍増！
具だくさんのみそ汁を添えて食事にも。

材料 1人分

玄米ごはん（温かいもの）… 150g
発酵粉だし味玉＊[1]… 1個
カリカリ梅…小3個
A ロースト小麦胚芽（粉末）…小さじ1
　発酵粉だし…小さじ½
焼きのり＊[2]…全形¾枚
黒ごま…適量

＊[1]発酵粉だし味玉の作り方はP.76を参照してください。
＊[2]焼きのりは全形1枚を十字に4等分したもの3枚を用意する。

作り方

1 味玉は3等分の輪切りにする。
2 20㎝四方のラップ1枚にごはん⅓量をのせ、中央に1を⅓量、カリカリ梅1個をのせる。ラップごとごはんで味玉を包み、ラップの上から握って形を整える。味玉が少し見えるようにするとかわいい。
3 ラップを外し、のり1枚で巻き、黒ごまをふる。
4 残りも2、3と同様にして計3個作る。

いなりずし

油揚げはカルシウムが豊富なたんぱく源。
味つきの市販品でお手軽に！

材料 1人分

玄米ごはん（温かいもの）… 150g
A 紅しょうが（みじん切り）…大さじ1
　ロースト小麦胚芽（粉末）、酢…各小さじ1
　発酵粉だし…小さじ½
いなり用味つき油揚げ… 3枚

作り方

1 ごはんにAを混ぜ、3等分して軽く丸める。
2 油揚げ1枚は汁気を軽く絞り、口を開いて1を1個詰め、口を閉じる。
3 残りも2と同様にして計3個作る。

梅のり巻き

梅干しは立派な発酵食品。発酵粉だしと
合わせて腸内環境改善にも役立ちます。

材料 1人分

玄米ごはん（温かいもの）… 150g
A ロースト小麦胚芽（粉末）、酢…各小さじ1
　発酵粉だし…小さじ½
梅干し… 1個
焼きのり＊…全形¾枚

＊焼きのりは全形1枚を十字に4等分したもの3枚を用意する。

作り方

1 ボウルにごはん、Aを入れてさっくりと混ぜる。
2 まな板に20㎝四方のラップを広げ、焼きのり1枚をのせる。1の⅓量をのせ、のりの向こう側が縁から1㎝残るようにごはんを広げる。
3 梅干しの果肉⅓量をちぎってごはんの上にところどころのせ、手前からラップを持ち上げてクルクルと巻く。残しておいたのりの部分を水少々でしめらせ、巻き終わりを閉じる。
4 残りも2、3と同様にして計3本作る。

味玉梅おむすび

胚芽入りのり巻き

梅のり巻き

いなりずし

村上 祥子（むらかみ さちこ）

料理研究家。管理栄養士。公立大学法人福岡女子大学客員教授。

　1985年より福岡女子大学で病態栄養指導講座を担当。治療食の開発で、油控えめでも一人分でも短時間においしく調理できる電子レンジに着目。以来、研鑽を重ね、電子レンジ調理の第一人者となる。糖尿病、生活習慣病予防改善のための栄養バランスのよい、カロリー控えめのレシピ、簡単にできる一人分レシピ、日本型食生活を子どものうちから身につけるための3歳児のミニシェフクラブ、保育所、幼稚園、小学校の食育出前授業など、あらゆるジャンルに電子レンジテクを活用。日本栄養士会主催の特別保健指導にも講師として参加する。「ちゃんと食べてちゃんと生きる」をモットーに、「食べ力®」をつけることへの提案と、実践的食育指導に情熱を注ぐ。自称、空飛ぶ料理研究家。電子レンジ発酵パンの開発者であり、バナナ黒酢の生みの親。食べることで体調がよくなる玉ねぎの機能性に着目。たまねぎ氷を開発し、注目を集めている。『60歳からはラクしておいしい頑張らない台所』（大和書房）は、料理レシピ本大賞2020エッセイ賞を受賞。これまでに出版した単行本は563冊987万部にのぼる。福岡女子大学附属図書館にある「村上祥子料理研究資料文庫」の50万点の資料は一般公開されている。近著に、『60代からは「食べ力®」村上祥子さんの一生元気でいられるバランスごはん』（扶桑社）、『80歳、村上祥子さんの長生き発酵食レシピ』（世界文化社）、『村上祥子80歳　私がいつも食べている季節の保存食』（KADOKAWA）などがある。

空飛ぶ先生CLUB

村上祥子の
空飛ぶ食卓

81歳、村上祥子さんの発酵粉だしごはん

2023年4月6日　第1刷発行

著者	村上祥子
発行人	松井謙介
編集人	長崎 有
編集長	広田美奈子
企画編集	柏倉友弥
発行所	株式会社ワン・パブリッシング 〒110-0005 東京都台東区上野3-24-6
印刷所	大日本印刷株式会社
DTP	株式会社グレン

STAFF

装丁・デザイン／蓮尾真沙子（tri）
撮影／広瀬貴子
スタイリング／肱岡香子
調理アシスタント／城戸恭子、福島寿美子
栗田貴子、林田礼子
校正／草樹社
編集・文／こいずみきなこ

●この本に関する各種お問い合わせ先
本の内容については、下記サイトのお問い合わせフォームよりお願いします。
https://one-publishing.co.jp/contact/
不良品（落丁、乱丁）については　Tel 0570 - 092555
業務センター　〒354- 0045 埼玉県入間郡三芳町上富279-1
在庫・注文については書店専用受注センター　Tel 0570 - 000346